Wohnt in Peking (China)
Experte für Geologie

Cheng redet gern und am liebsten über Gesteine – das kann er stundenlang tun. Mit seiner lockeren Art fällt es ihm leicht, andere zu motivieren und aufzumuntern. Sein ganzer Stolz ist seine Sammlung einzigartiger Steine, von denen jeder sogar einen eigenen Namen hat. Wenn niemand zuhört, spricht er auch mit ihnen. Aber wehe, seine Schwester behandelt sie wie Spielzeug!

DK

Ein Fall für die ForscherKids

Einsatz am Vulkan

S. J. King

INHALT

CHENGS NOTIZEN

Kapitel 1
EXPLOSIVES EXPERIMENT

„Gleich hab ich's …" Cheng beugte sich über sein selbst gebasteltes Vulkanmodell und beklebte es sorgfältig mit grauen und braunen Papierschnipseln, damit es wie echter Fels aussah. Seine kleine Schwester Mei beobachtete ihn gebannt.

Draußen auf den Straßen von Peking hörte man Autohupen und Fahrradklingeln. Cheng befestigte den letzten Schnipsel und richtete sich zufrieden auf.

„Fertig!", sagte Mei.

Cheng grinste. „Jetzt wird es lustig!"

Er füllte warmes Wasser in eine Plastikflasche, bis sie fast voll war. Dann gab er etwas Backpulver, Spülmittel und rote Lebensmittelfarbe hinzu. Er verschloss die Flasche, schüttelte kräftig, nahm den Deckel wieder ab und stellte die Flasche so unter den Pappvulkan, dass der Hals aus der Kraterspitze herausschaute. Dann reichte er seiner Schwester eine Tasse mit Essig.

„Jetzt bist du dran, Mei. Aber ganz vorsichtig!", warnte er.

Langsam goss Mei den Essig in die Flasche.

Sofort begann es darin zu brodeln und zu blubbern. Ein Zischen erfüllte die kleine Küche – und der Vulkan brach aus!

Rotes Magma schoss empor und floss als Lava die Kartonwände hinab. Mei juchzte vor Vergnügen. „Wie cool!"

„Ich weiß!", sagte Cheng lachend. „Natürlich ist das keine echte Lava. Die besteht aus geschmolzenem Gestein, das aus einer Spalte in der Erdkruste austritt."

Einen Moment lang stellte sich Cheng einen echten Vulkan vor: Das Donnern der Explosion, die glühende Lava, den fauligen Gestank der Schwefelgase.

Vielleicht kann ich eines Tages mal einen Vulkan aus der Nähe sehen, dachte er.

Während Mei davonhüpfte, um Hausaufgaben zu machen, füllte Cheng den Vulkan wieder auf. Dann erst bemerkte er, dass neben ihm an der Wohnungstür etwas so hell aufleuchtete wie glühende Lava.

Es war ein Kreis mit einer Nadel in der Mitte und den Buchstaben N, O, S und W drum herum. Cheng juchzte. Das war das Zeichen der Forscher-Kids!

Er strich über das leuchtende Kompasssymbol auf seinem T-Shirt. Das Abzeichen der Forscher-Kids sah genauso aus wie das Zeichen an der Tür. Es erschien nur, wenn es eine Mission gab. Und Cheng war mehr als bereit.

Er legte seine Hand an die Tür und drückte. Sie schwang sofort auf. Cheng trat hinaus in blendend weißes Licht. Seine Augen tränten im Nu. Ein starker Wind blies über ihn hinweg und ließ sein T-Shirt flattern. Einen Augenblick lang kam es ihm so vor, als würde er wie ein Vogel durch die Luft fliegen.

Dann verblasste das Licht und der Wind legte sich. Cheng war in der Forscherzentrale!

An einer Wand standen Glaskästen, in denen lauter Dinge lagerten, die die Forscher-

Kids von ihren Missionen mitgebracht hatten: ein Dinosaurier-Fossil, eine antike aztekische Kette, ein Meteorit aus dem Weltraum und einige andere Objekte. An den schwarzen Steinwänden blinkten die Computer, mit denen diejenigen die Missionen überwachten, die in der Zentrale blieben. Auch ein paar gemütliche Sessel und Sofas standen herum. Auf den Boden war eine riesige Weltkarte gemalt und an der gewölbten Decke glitzerte die Milchstraße.

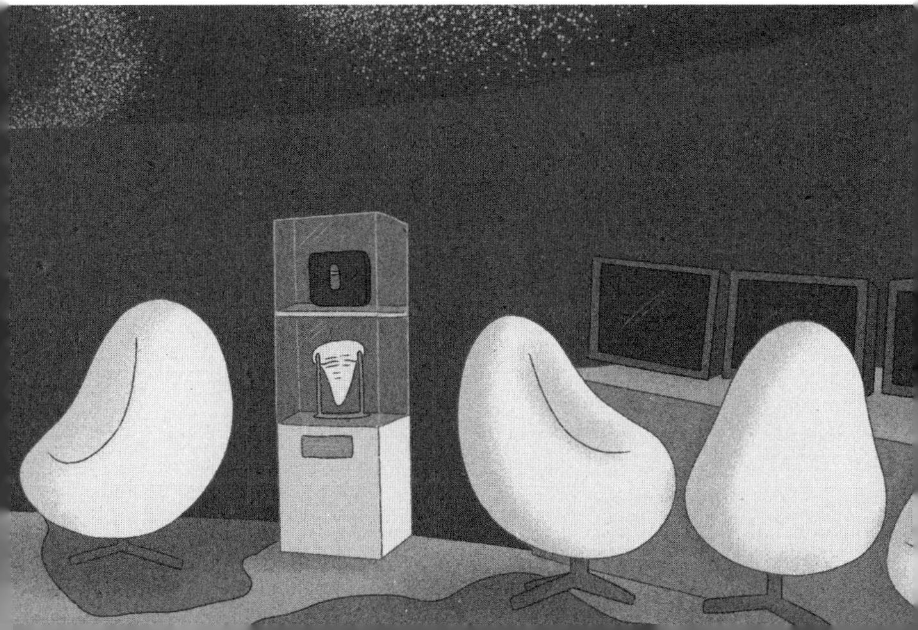

„Cheng hier!", rief er.

Die Tür leuchtete immer wieder auf, während die anderen Forscher-Kids eintrafen.

„Tamiko hier!", rief ein Mädchen mit einer Stegosaurus-Spange in seinem kurzen schwarzen Haar. Tamiko liebte Dinosaurier.

„Olli hier!" Der blonde Junge fläzte sich gleich aufs Sofa. Er wusste alles über Regenwälder.

„Roshni hier!" Ihre Weltraumforscherin hatte langes dunkles Haar.

„Lea hier!" Das Herz der Biologie-Expertin unter den Forscher-Kids schlug für die Natur und alle Tiere.

Auf sie folgte die Technikerin, ein Mädchen mit einer trendigen Brille. „Kiki hier!"

Noch ein Junge flitzte herein. „Gustavo hier!", sagte der Experte für Geschichte und strahlte erwartungsvoll in die Runde.

„Connor hier!" Der Letzte in ihrer Gruppe ließ erst mal das Wasser aus seinen Gummistiefeln laufen. Als Meeresforscher wusste er alles über das Leben in den Ozeanen.

Die versammelten Forscher-Kids blickten gespannt zur Weltkarte am Boden. Ein Licht zeigte gerade an, wohin ihre Mission sie führen würde: auf eine kleine Inselgruppe im Pazifik.

„Vanuatu!", stieß Cheng keuchend hervor.

„Gesundheit!", sagte Olli.

Cheng gluckste. „So heißt die Inselgruppe. Dort gibt es einen Vulkan, daher kenne ich sie."

Obwohl die Kinder zu Hause verschiedene Sprachen sprachen, verstanden sie sich Dank der Magie der Forscherzentrale problemlos.

Nun erschien ein kleiner Bildschirm im Zentrum der Inselgruppe. Er zeigte einen großen schwarzen Berg, über dem eine graue Aschewolke schwebte.

„Das ist der Yasur!", rief Cheng. „Viele Vulkane sind inaktiv und brechen nicht mehr aus, aber der Yasur ist aktiv."

„Heißt das nicht, dass er sehr gefährlich ist?", fragte Roshni.

Auch Gustavo war besorgt. „Zur Zeit der alten Römer hat ein Vulkan eine ganze Stadt zerstört! Das war der Vesuv und die Stadt hieß Pompeji."

„Keine Sorge, manche Vulkane haben nur kleine Ausbrüche“, erklärte Cheng. „Der Yasur gehört dazu. Man kann ganz nah herangehen und ihn sich anschauen.“

Da leuchtete Chengs Abzeichen auf. Er war für diese Mission ausgewählt worden! Begeistert riss er die Arme hoch. Er würde tatsächlich einen echten Vulkan sehen!

Nun sah Lea an sich herab. Auch ihr Abzeichen glühte. „Sieht so aus, als wären wir diesmal ein Team“, sagte sie mit einem Strahlen im Gesicht. „Die Erde um Vulkane herum ist immer sehr fruchtbar. Bestimmt gibt es dort ganz großartige Pflanzen. Und wo die sind, gibt es meistens auch besondere Tiere.“

Kiki drückte einen roten Knopf in der Wand. Ein Podest, auf dem ein klappriges altes Gokart stand, fuhr aus dem Boden hoch. Es hatte zwei schäbige Holzsitze und vier abgefahrene Reifen.

„Hallo *Kolumbus*", sagte Lea grinsend. „Du bist so schön wie eh und je."

Doch sie alle wussten, dass ihr nach dem berühmten Seefahrer benanntes Missionsfahrzeug viel mehr Geheimtricks auf Lager hatte, als sein armseliges, abgewetztes Äußeres vermuten ließ.

Die restlichen Forscher-Kids setzten sich an die Computer und machten sich bereit, um Cheng und Lea bei ihrer Mission zu helfen.

„Viel Glück“, wünschte Gustavo ihnen zum Abschied. Er wirkte ziemlich ernst, wahrscheinlich weil ihm der Vesuv nicht aus dem Kopf ging.

„Fallt bloß nicht in irgendwelche Krater“, gab Connor ihnen mit auf den Weg.

Aber Cheng hatte keine Angst – schließlich ging gerade sein größter Traum in Erfüllung!

Er setzte sich mit Lea in die *Kolumbus* und ergriff das kaputte Steuerrad. Das Holz fühlte sich in seinen Händen ganz warm an.

„Bereit?“, fragte er Lea. Sie grinste nur.

Cheng drückte den Startknopf. Ratternd erwachte das alte Gefährt zum Leben und schoss vorwärts.

Um sie herum war ein so grellweißes Licht, dass Cheng eine Hand vom Steuer nahm, um seine Augen abzuschirmen.

Die Forscherzentrale und die anderen Forscher-Kids verschwanden. Mit klopfendem Herzen nahm Cheng wahr, wie sich das Steuerrad der *Kolumbus* in einen modernen Steuerknüppel verwandelte.

Er blinzelte. Rotorblätter drehten sich über ihnen. Ihr ***FLAPP-FLAPP-FLAPP*** wurde durch Kopfhörer gedämpft, die nun auf seinen Ohren saßen.

Kapitel 2
AUF ERKUNDUNGSTOUR

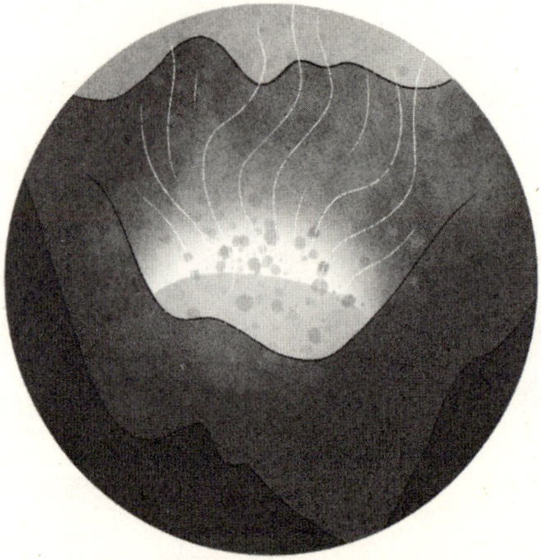

Cheng blickte aus dem Hubschrauber direkt in den riesigen Krater des Yasur. Das geschmolzene Gestein darin glühte in grellem Orangerot. Es sah aus wie die Haut eines sich windenden, brennenden Tiers, das keuchend um Atem rang. Ein glühender Lavastrahl spritzte hoch und Aschewolken hingen tief über dem brennenden Herzen des Vulkans.

„Wow." Cheng rang um Fassung und drehte sich zu Lea um. „Das ist einfach unglaublich!"

Auch ihr Hubschrauber war ziemlich beeindruckend. Unter der gewölbten Windschutzscheibe blinkten so viele Steuerelemente und Hebel, dass Cheng ganz schwindelig wurde. Er war heilfroh, dass die *Kolumbus* ihnen Kopfhörer gegeben hatte. So konnten sie sich wenigstens trotz des höllischen Propellerlärms gut verstehen.

Hinter ihnen lagerten verschiedene Dinge auf dem glänzenden Metallboden: Sicherheitskleidung in Signalfarben, Kabel, Seile und etwas, was aussah wie ein Bett.

„Eine Krankentrage“, stellte Lea fest. „Das hier ist ein Rettungshubschrauber! Da ist die Seilwinde, sieh nur.“ Sie zeigte aus dem Seitenfenster. Über der Außentür war eine besondere Konstruktion angebracht.

Die *Kolumbus* machte laut **PIEP**.

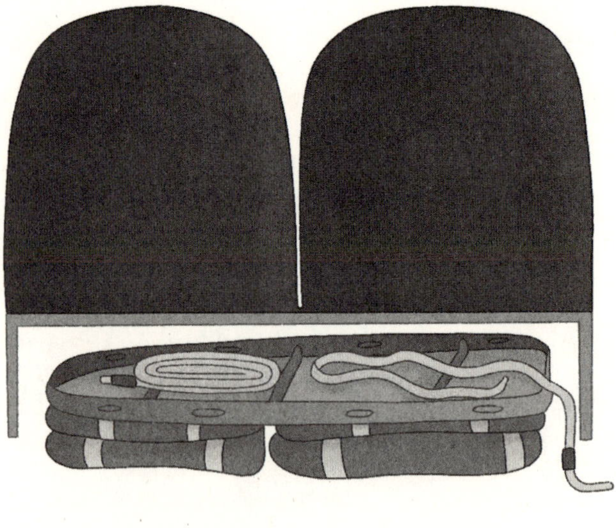

Lämpchen am Armaturenbrett zeigten ihnen, wie sie den Helikopter steuern sollten.

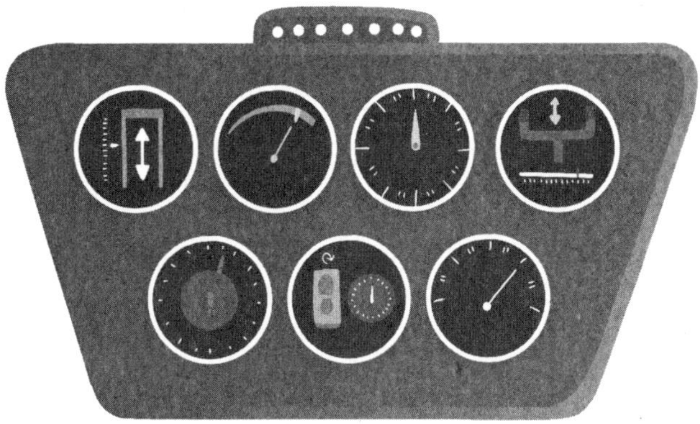

„Ich glaube, ich hab's verstanden!" Cheng übernahm das Steuer. „Mit dem Knüppel geht es nach vorn und nach hinten, dieser Hebel hier steuert die Höhe und mit den Pedalen können wir drehen. Moment!"

Vorsichtig trat er auf ein Pedal. Mit peitschenden Rotoren drehte sich die *Kolumbus* einmal brav um sich selbst. Als Cheng sie wieder ausgerichtet hatte, entfernte sich der Helikopter langsam vom Krater.

„Fliegen wir erst mal eine Runde“, schlug er Lea vor. „Wir müssen ja herausfinden, was unsere Mission ist.“

Vor ihnen ragten die Inseln von Vanuatu aus dem Meer wie eine Kette grüner Juwelen. An ihren Rändern blitzten weiße Strände. Dunkelgrüne Flecken waren Sümpfe und Küstenwälder. Im Inneren der Inseln leuchtete das Grün des Regenwalds.

„Die Inseln bilden ein Y", sagte Lea. „Warum sind sie so verstreut?"

„Das sind am Meeresboden verankerte Vulkane", erklärte Cheng. „Im Lauf der Jahrmillionen sind sie immer wieder ausgebrochen. Dabei haben sie am oberen Rand jedes Mal eine neue Schicht Vulkangestein aufgeworfen. So wurden die Vulkane immer größer, bis sie schließlich als Inseln aus dem Meer ragten. Ist das nicht cool?"

Die *Kolumbus* piepte zustimmend.

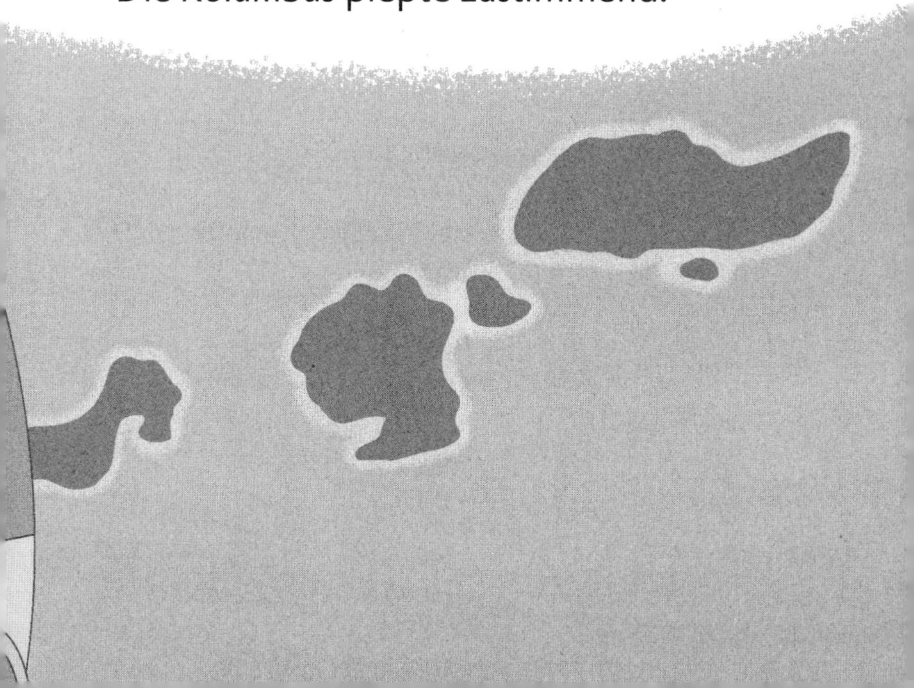

Aber noch hatten sie keinen Hinweis auf ihre Mission.

„Wir sollten irgendwo landen", sagte Cheng. Er wandte den Blick von der atemberaubenden Aussicht ab und flog suchend die Küste entlang.

„Dort!", rief Lea. Sie zeigte auf einen runden Platz inmitten des leuchtend grünen Regenwalds. Ein großes ***H*** für „Hubschrauber" war darauf gemalt. „Perfekt!"

Die *Kolumbus* piepte ihre Anweisungen und Cheng senkte den Hubschrauber vorsichtig ab. Das war schwierig, er musste sich konzentrieren. Als die Kufen der *Kolumbus* den Boden berührten, jubelte Lea. Sie nahm die Kopfhörer ab, löste den Anschnallgurt und öffnete die Tür.

Erleichtert und neugierig zugleich kletterte auch Cheng hinaus.

„Was ist denn nun unsere Mission?“, fragte sich Lea laut, während sie einem Pfad in den Wald folgten.

Die Luft war schwül und voller Vogelgezwitscher. Wasser tropfte herab und es roch nach nasser, fruchtbarer Erde. Intensiv duftende Blumen und zahllose Ranken hingen über ihren Köpfen zwischen den Bäumen.

„Vielleicht sollen wir den Ausbruch des Vulkans verhindern. Ich meine, stell dir mal vor, was ein Ausbruch hier anrichten würde!" Lea deutete auf die schönen Pflanzen.

„Einen Ausbruch können wir nicht verhindern", sagte Cheng. „Dabei wird zu viel Kraft freigesetzt. Es muss um etwas anderes gehen ..."

Plötzlich keuchte Lea auf und packte Chengs Arm. „Schau mal, da oben!"

Cheng blinzelte ins Blätterdach hinauf. Vier riesige Fledermäuse hingen von einem Ast über ihnen. Eine entfaltete ihre ledrigen Schwingen und enthüllte ihr spitzes, haariges Gesicht. Als sie davonflog, wehte Cheng ein starker Moschusgeruch in die Nase. Ihre Flügelspannweite war riesig!

„Das sind Flughunde!", sagte Lea strahlend. „Sie waren schon immer auf Vanuatu.

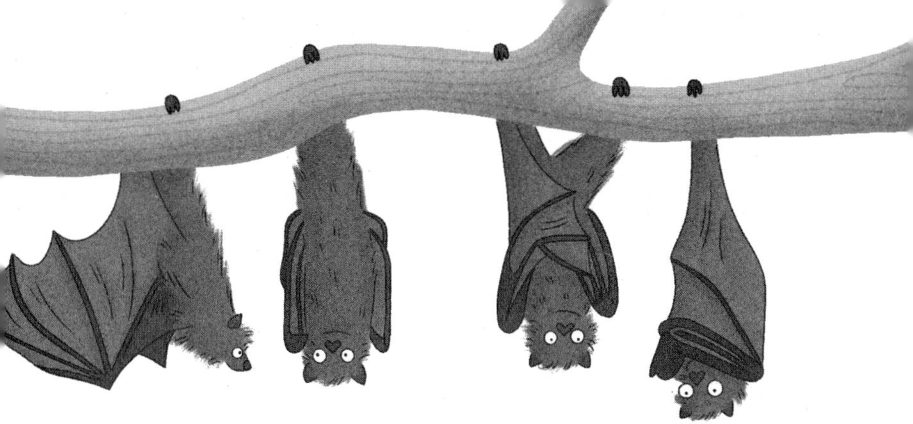

Alle anderen Landtiere auf diesen Inseln wurden von Menschen hergebracht."

„Sie sehen aus wie die Fledermäuse in Vampirfilmen", sagte Cheng zögernd.

Lea nickte. „Ihr lateinischer Name ist ja auch *Pteropus vampyrus*."

Cheng schaute sie schockiert an.

„Sie sind aber keine Vampire", erklärte Lea mit einem Lachen. „Sie essen nur Obst und trinken Blütennektar."

Cheng atmete erleichtert auf.

Sie setzten ihren Weg fort und Lea bestimmte noch andere Pflanzen und Tiere um sie herum.

Das bunte Gefieder von Vögeln wie dem Braunbauchliest und den Königs-Papageiamadinen leuchtete in den Zweigen. Als Nächstes schwebte ein schwarzer Schmetterling mit großen blauen Punkten auf den Flügeln an ihnen vorbei. „Das ist eine Große Eierfliege", sagte Lea. „Oder *Hypolimnas bolina*, was ich viel schöner finde!"

Ein Rascheln im Unterholz ließ Cheng zusammenzucken. „Reinwardthühner", fuhr Lea fort.

Ein großer braungrauer Vogel eilte auf orangefarbenen Beinen vor ihnen über den Pfad. „Sie vergraben ihre Eier in Nisthügeln aus Sand, Laub und Geröll in der Nähe von Vulkanen. So bleiben sie warm, bis sie ausgebrütet sind."

Cheng war von alledem sehr beeindruckt.

Als sich der Wald um den Pfad lichtete, rümpfte Lea die Nase. „Hier stinkt's."

„Das ist Schwefelgas", erklärte Cheng. „Es tritt aus dem Vulkan aus."

Sie kamen zu einer Lichtung. Dort standen Menschen plaudernd und lachend um einen großen, dampfenden blauen Teich herum. Es waren Einheimische und Touristen.

„Eine heiße Quelle!", rief Cheng. Am Ufer streckte Lea eine Hand aus. Cheng packte sie, bevor sie das Wasser berühren konnte. „Achtung, du verbrühst dich noch!"

Heißer Dampf stieg zu Leas Hand auf. „Uff, viel heißer als eine Badewanne!"

Cheng nickte. „Das Wasser wird von den Felsen erwärmt, durch die es hindurchfließt. Die wiederum werden von dem Magma im Inneren des Vulkans erhitzt."

„Mag-was?“, fragte Lea.

„Magma. Das ist heißes, geschmolzenes Gestein“, erklärte Cheng. „Es dringt aus der Erdkruste an die Erdoberfläche. Dort nennt man es dann Lava. Vulkane bestehen aus erkalteter Lava. Ich schätze, das Wasser hier ist etwa 60 Grad Celsius heiß.“

Cheng beobachtete, wie ein paar Einheimische unter den staunenden Blicken der Touristen einen fest verschlossenen Beutel aus dem Wasser zogen. Als sie ihn öffneten, stieg Cheng ein köstlicher, würziger Duft in die Nase.

„Wow“, staunte Lea. „Das Wasser ist so heiß, dass die Leute gerade ihr Essen darin gekocht haben! Wie cool ist das denn?“

Plötzlich hörten sie jemanden aufschreien. Dann sah Cheng nur noch ein schwarzbraunes Fellknäuel über die Lichtung flitzen.

Ein paar Leute, die sich um die Kochstelle versammelt hatten, sprangen zurück, als ein junger Hund an ihnen vorbeisauste, fröhlich in flache Pfützen sprang und alle bespritzte. Jemand versuchte, den Hund zu ergreifen, aber das Tier hatte zu viel Spaß und entwischte ihnen wieder und wieder.

„Wem der wohl gehört?“, fragte Lea.

„Gute Frage.“

Niemand schien sich ernsthafte Sorgen um den Hund zu machen. Außer Cheng.

Er krempelte die Ärmel hoch. „Wir sollten ihn einfangen“, sagte er. „Das Gelände um den Vulkan ist gefährlich. Wer weiß, was passiert, wenn er ganz abhaut!“

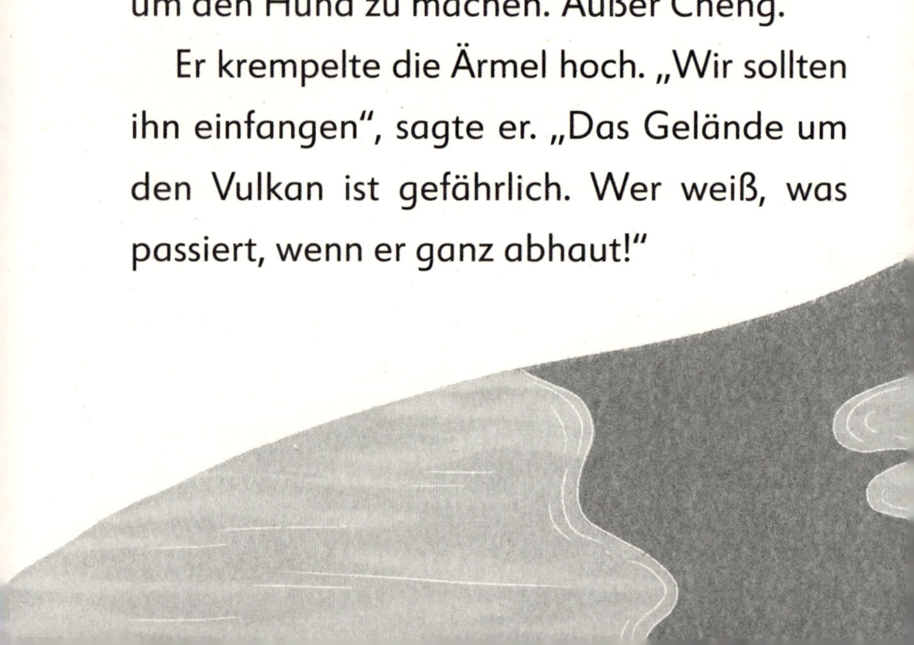

Kapitel 3

NEUE FREUNDE

Cheng lief um die heiße Quelle und versuchte nach Kräften, den Hund nicht aus den Augen zu verlieren. Der kleine Hüpfer war ganz schön schnell! Cheng beeilte sich und Lea folgte ihm dicht auf den Fersen. Zum Glück standen die Bäume hinter der Quelle viel weniger dicht als im Regenwald, aus dem sie gekommen waren.

Zwischen den krummen Stämmen und Ästen erhaschte Cheng immer wieder einen Blick aufs Meer. Es lag näher, als er gedacht hätte. Donnernde Brandung empfing ihn und Lea, als sie sich unter Zweigen hindurch duckten. Einige Vögel mit blattgrünem Gefieder flogen aufgeschreckt zum Himmel hinauf.

Sie waren am Rand eines breiten, gebogenen Strandes angekommen.

„Wo ist der Hund denn hin?“, fragte Lea atemlos.

Die Wellen brachen sich krachend und schäumend auf dem weißen Sand. Surfer ritten mit ihren bunten Surfbrettern auf den Wellen. Ihre glänzenden schwarzen Neoprenanzüge erinnerten Cheng an Seelöwen.

Er hielt sich die Hand wie den Schirm einer Kappe über die Augen. Da! Ein paar Meter von ihnen entfernt saß der Hund im Sand und schaute ihn und Lea aus großen braunen Augen an.

„Da bist du ja!“, rief Cheng und rannte los.

Sofort sprang der Hund wieder auf und lief weiter den Strand entlang.

„Komm zurück!“, brüllte Cheng und legte noch einen Zahn zu.

Doch der Hund beachtete ihn nicht. Er sprang, schlug Haken und lief davon. Ganz offensichtlich hatte er einen Riesenspaß.

„Cheng, so wird das nichts!“, japste Lea, als ihr Freund beim Versuch, das Tier zu packen, ausrutschte und der Länge nach im Sand landete. „Wenn wir weiter hinter ihm her rennen, stachelt ihn das nur noch mehr an. Er denkt, das wäre ein Spiel.“

„Aber wie sollen wir ihn dann fangen?“, fragte Cheng, während er sich den Sand aus dem Gesicht wischte.

Nachdenklich rieb Lea sich das Kinn. Dann hatte sie eine Idee: „Ich hab's: Wir locken ihn zu uns!“

Nahe der Baumlinie lag ein neongelber Ball in einer Sandkuhle. Lea ging zu ihm und hob ihn auf.

„Dann mal los", sagte sie. „Wünsch mir Glück!" Sie hielt den gelben Ball hoch und rief: „Komm spielen, Hundi! Schau mal, so ein toller Ball. Komm und hol ihn dir!"

Der Hund blieb stehen und starrte abwechselnd Lea und den Ball an. Er legte den Kopf schief. Dann kauerte er sich schwanzwedelnd in den Sand, das Hinterteil in die Luft gereckt.

„Sieht aus, als würde er gleich wieder losrennen", warnte Cheng.

„Geduld", sagte Lea und winkte wieder mit dem Ball. „Komm spielen, Hundi, komm!"

Der Hund sprang auf, bellte entzückt auf und rannte auf Lea zu, die ihn mit ihrer freien Hand packte und hochhob.

„Geschafft!", rief sie triumphierend und gab dem Hund den Ball als Belohnung.

Cheng klatschte. „Das war super! Du kennst dich echt gut mit Tieren aus." Er kraulte den Hund hinter den weichen Ohren. „Aber wo steckt dein Besitzer, Kleiner?"

Cheng sah sich die Leute am Strand genauer an. Einige Familien saßen auf Picknickdecken und ein paar Angler versuchten ihr Glück im seichten Wasser in Ufernähe. Weiter hinten ritten Surfer auf den Wellen, während die Sonne auf dem Wasser glitzerte.

Da erblickte Cheng in der Ferne ein Mädchen. Es wirkte ein paar Jahre jünger als er und Lea und schien beim Stand der Strandwache etwas zu suchen. Es sprach viele Menschen an. Einige hielten danach kurz inne und sahen sich genauso suchend um, wie Cheng es gerade getan hatte.

Er stupste Lea an. „Schau mal! Sie könnte es sein!"

Der Hund zappelte in Leas Armen, als sie sich auf den Weg zu dem Mädchen machten.

„Entschuldige", begann Lea.

Das Mädchen wirbelte herum. „Keemo!", rief es erleichtert. Der Hund fiepte freudig.

„Ich glaube, wir haben die Besitzerin gefunden", sagte Lea lachend. Sie reichte Keemo dem strahlenden Mädchen.

„Oh, Keemo, wo warst du nur?", fragte es, während es den Hund an sich drückte und streichelte.

„Cheng und ich haben ihn bei der heißen Quelle im Wald gefunden“, sagte Lea. „Ich heiße übrigens Lea.“

„Ich bin Halani“, sagte das Mädchen. „Danke, dass ihr Keemo gefunden habt. Er ist jung und noch sehr verspielt. Ich habe die Surfer beobachtet und gar nicht gemerkt, dass er weggerannt war. Ich hatte solche Angst …“

„Willst du surfen lernen?“, fragte Cheng.

Halani nickte begeistert. „Ich schaue den Surfern sehr gerne zu und beobachte, wie sie es machen. In Vanuatu sind alle ganz verrückt nach Surfen. Einige Leute reiten mit ihren Brettern sogar die Hänge des Vulkans herunter.“

Cheng fiel der Bildschirm in der Forscherzentrale wieder ein, der ihnen den Ausbruch des Vulkans gezeigt hatte. Sie hatten den Hund gerettet, aber ihre Mission musste mit dem Yasur zusammenhängen. Sie war noch nicht vorbei.

Er zeigte hinter sich, wo sich der Kegel des Vulkans majestätisch hinter den Bäumen erhob. „Wir würden uns den Yasur gern aus der Nähe ansehen."

„Ich bring euch hin!", sagte Halani. Sie setzte Keemo ab und leinte ihn an. „Komm, Keemo. Wir gehen spazieren, damit du müde wirst!"

Nun war es also so weit: Cheng würde gleich einen Vulkan besteigen!

Kapitel 4
AUF ZUM VULKAN!

Sie folgten einem Pfad, der sich durch die Bäume zum Yasur empor wand. Dabei plauderte Halani munter mit Lea und Cheng. Das Mädchen war ziemlich beeindruckt, wie viel Lea über die exotische Tierwelt auf Vanuatus Inseln wusste. Keemo eilte voraus, zerrte an seiner Leine und wedelte weiter fröhlich mit dem Schwanz.

Je weiter sie kamen, desto steiler ging es bergauf. An den Hängen des Vulkans standen die Bäume weniger dicht. Jetzt sah Cheng, dass auch andere Leute den Yasur bestiegen.

Bald gab es gar keine Vegetation mehr. Der Boden bestand nur noch aus dunklem Fels. Er fühlte sich warm an und auch der Schwefelgeruch nahm zu. Cheng stellte sich das Magma vor, wie es unter seinen Füßen brodelte, kochte und blubberte wie in einem riesigen Hexenkessel. Ihm lief ein Schauer über den Rücken.

Ein Lichtblitz am Himmel ließ Cheng aufschauen. Sein Mund stand offen. Eine dicke Lavafontäte schoss zischend und glühend aus dem Krater.

„Wow“, hauchte er. Er sah gerade einen echten Vulkanausbruch! Sein größter Traum war Wirklichkeit geworden.

Endlich erreichten sie die Spitze des Vulkans. Um den Krater herum standen einige geführte Besuchergruppen. Sie schauten sich um und machten Fotos.

„Die sind ziemlich nahe am Rand“, stellte Lea fest. „Was ist, wenn jetzt ein richtig großer Ausbruch passiert?“

„Dafür bin ich zuständig!“

Cheng, Lea und Halani drehten sich zu der Stimme um. Eine Frau beugte sich gerade über eine silberne Box am Kraterrand.

Keemo rannte freudig auf sie zu. Die Frau streichelte ihm den Kopf. Sie war groß, trug eine Schutzbrille und Sicherheitslatzhosen. „Du bist ja ein lieber Kerl."

Cheng starrte auf die silberne Box. Sie stand auf drei geknickten Metallbeinen und an ihr saßen viele kleine Lämpchen.

„Das sind meine Geräte", erklärte die Frau. „Die Box enthält verschiedene seismografische Messinstrumente. Damit überwache ich die Aktivität des Vulkans."

Cheng riss die Augen auf. „Sie sind Vulkanologin? Das ist so cool!" Vulkanologe war sein absoluter Traumberuf. Man durfte die ganze Zeit Vulkane erforschen!

Die Frau nickte. „Ja, ich bin Vulkanologin. Ich heiße Elenola und arbeite schon seit einigen Monaten auf dem Yasur."

Lea betrachtete die Beine der Box. „Die sieht aus wie eine verrückte Metallspinne."

„So nennen wir sie auch", sagte Elenola. „Eine Spinne. Sie sammelt Daten über den Vulkan, zum Beispiel Veränderungen in den Gasen hier, und misst Bodenbewegungen. Die Informationen schickt sie dann zu einem Observatorium, wo Forschende sie auswerten. So will man voraussagen, wann es am Yasur einen großen Ausbruch geben wird, damit wir alle Menschen rechtzeitig evakuieren können."

„Evakuieren?", fragte Lea ein bisschen erschrocken. Keemo bellte unglücklich.

Elenola lachte. „Keine Sorge. Große Ausbrüche kommen sehr selten vor. Nur wenn die Lichter aufleuchten ..."

Sie verstummte. Die Lämpchen außen an der Spinne blinkten auf einmal wie wild und im Inneren war ein Surren zu hören. Es klang, als würde ein Auto mit Vollgas beschleunigen. Cheng sah Panik über Elenolas Gesicht huschen.

„Der Vulkan wird gleich ausbrechen, richtig?", fragte er.

Elenola hatte bereits ihr Handy am Ohr.

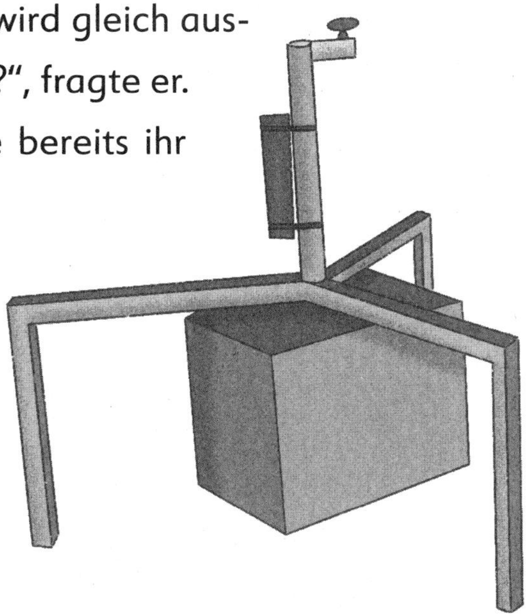

„Ich rufe das Observatorium an", erklärte die Forscherin. „Hallo? Hier ist Elenola, ich bin auf dem Yasur ... Ja, deshalb rufe ich an ... Bekommt ihr die Messwerte?" Sie lauschte einen Moment lang. „Okay", sagte sie schließlich. „Natürlich. Verstanden."

Sie steckte das Handy ein. „Du hast recht", sagte sie zu Cheng. „Es sieht aus, als würden wir gleich einen großen Ausbruch erleben!"

Nervös sah Cheng zu den Touristen, die mit ihren Kameras den Ausblick vom Rand des Kraters genossen.

„Wir müssen alle hier wegbringen."

Die Reiseführer starrten bereits kopfschüttelnd auf ihre Handys. Offenbar hatten auch sie die Warnung erhalten, dass der Yasur kurz vor einem Ausbruch stand.

Sie trommelten die Touristen zusammen und führten sie zu dem Pfad, der sie zurück ins Tal brachte.

Eine neue Lavafontäne schoss aus dem Krater. *Sie ist größer als die vorhin,* dachte Cheng. *Wahnsinn!*

Er zeigte auf die wirbelnden Wolken, die in den Himmel stoben. „Das sieht zwar aus wie Rauch", erklärte er Lea und Halani, „aber tatsächlich ist es Wasserdampf mit Schwefelgas und Kohlendioxid –"

„Wir müssen hier weg!", unterbrach Lea ihn. „Bald bricht der Vulkan richtig aus!"

Sie hatte recht. Sie mussten hier weg, und zwar schnell!

Kapitel 5
DER AUSBRUCH

Sie verließen den Gipfel und folgten Elenola auf dem gut ausgetretenen Pfad den Yasur hinunter. Cheng spürte jetzt deutlich die Hitze des Vulkans unter seinen Füßen. Es war unfassbar, dass direkt unter ihm Billionen Tonnen geschmolzenes Gestein brodelten.

„Übersteht die Spinne das denn überhaupt?“, wollte Lea wissen.

„O ja", sagte Elenola. „Die bleibt, wo wir sie zurückgelassen haben, und überwacht weiter die Aktivität für das Observatorium. Wir kommen gleich an einen tollen Aussichtspunkt. Dort können wir den Ausbruch aus sicherer Entfernung beobachten."

Cheng war froh, dass sie das seltene Schauspiel nicht verpassen würden.

Sie wanderten weiter den Pfad entlang. Die Berghänge gingen in den tiefgrünen Regenwald über und hinter den sandigen Stränden glitzerte der Ozean. Elenola zeigte nach vorn. Auf ein paar großen Felsen ganz in der Nähe standen bereits einige Touristen und blickten zum Krater zurück.

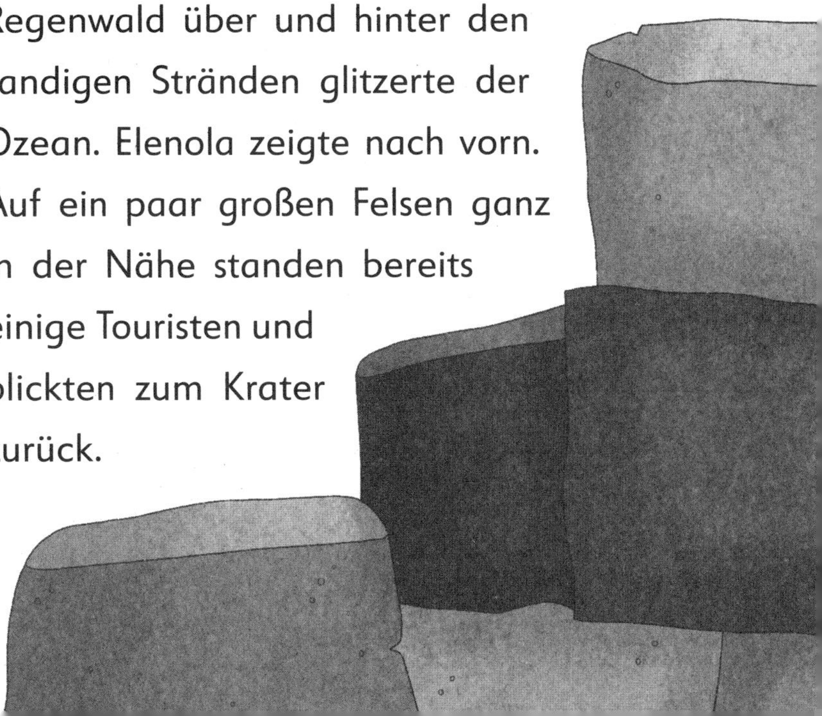

„Da gehen wir auch hin", sagte sie.

Sobald Cheng und Lea auf die Felsen geklettert waren, hörten sie hinter sich ein dumpfes Donnern. Rotglühendes, flüssiges Gestein schoss fünfzehn oder zwanzig Meter aus dem Krater empor. Die Wolken leuchteten und verrückte Muster erschienen in Wirbeln aus Wasserdampf und Gas.

„Wie cool! Aber warum genau bricht der Vulkan eigentlich aus?", fragte Lea.

„Die Erde besteht aus verschiedenen Schichten", begann Cheng. „Sie hat einen extrem heißen Kern, um den eine Felsschicht liegt. Das ist der Erdmantel. Darüber liegt die Erdkruste, auf der wir gerade stehen. Diese Kruste besteht aus tektonischen Platten. Du kannst sie dir wie riesige Puzzleteile vorstellen." Er verstummte, als eine riesige Lavafontäne emporschoss.

„Puh!", entfuhr es Cheng. „Jedenfalls treiben manche tektonische Platten auseinander und andere schieben sich zusammen ..."

„Moment! Heißt das, die Erdkruste bewegt sich?", fragte Lea mit großen Augen.

Cheng nickte. „Keine Sorge, das passiert nur sehr langsam. Im Erdmantel herrschen enorme Hitze und Druck. Deshalb gibt es dort flüssiges Magma. Darüber pressen die Platten der Erdkruste so aufeinander, dass auch da hoher Druck entsteht. Das Magma steigt auf und drückt an die Oberfläche, und wenn es sie erreicht, platzt die Kruste auf und ein Vulkan entsteht. Danach kann es immer wieder zu einem Ausbruch kommen." Cheng zeigte auf den feuerspuckenden, grollenden Yasur. „So wie gerade jetzt!"

Sie betrachteten den Vulkan, bis er sich beruhigte und schließlich ganz verstummte.

„Ich frage mich, ob Halani schon mal einen so großen Ausbruch erlebt hat“, murmelte Lea. „Wo sind sie und Keemo eigentlich?“

„Seitdem wir auf dem Krater waren, habe ich sie nicht mehr gesehen“, gab Cheng zu.

Lea biss sich auf die Lippen. „Tiere reagieren sehr empfindlich auf Naturereignisse. Vielleicht hat Keemo den Ausbruch gespürt und ist davongerannt.“

„Lass uns die anderen fragen“, erwiderte Cheng. „Vielleicht ist jemand den beiden begegnet.“

Sie sprachen die Touristen an, die auch auf dem Weg ins Tal waren. Hatten sie vielleicht ein Mädchen mit einem schwarzbraunen Hund gesehen?

„Ja, so einen Hund habe ich gesehen", sagte ein Mann mit einem roten Rucksack. „Oben am Krater. Er ist weggerannt. Ich glaube, seine Leine war gerissen."

Cheng und Lea sahen sich besorgt an. Dann fiel Cheng etwas ein. „Keemo hat ziemlich laut gebellt, als ich Elenola nach ihrer Ausrüstung gefragt habe."

Lea war ganz blass. „Der Ausbruch muss ihm Angst gemacht haben. Und Halani ist ihm sicher nachgelaufen." Leas Stimme brach. „Sie sind immer noch auf dem Yasur!"

Chengs Herz raste. Jetzt wusste er, was ihre Mission war.

„Wir müssen Halani und Keemo retten!"

„Die *Kolumbus*!", rief Lea. „Deshalb ist sie diesmal ein Rettungshubschrauber! Wir müssen auf den Vulkan fliegen und Halani und Keemo da rausholen. So schnell wie möglich!"

Sie rannten den steinigen Pfad hinunter, zurück in Richtung Regenwald und Strand. Sie schlitterten auf dem Geröll und hatten Mühe, das Gleichgewicht zu halten, aber sie ließen sich nicht aufhalten. Sie konnten gar nicht anders, als immer weiter zu rennen.

Es fühlte sich total falsch an, den Vulkan zu verlassen, solange Halani und Keemo noch dort oben waren. Aber Cheng wusste, dass sie keine Wahl hatten. Sie mussten schnellstens zur *Kolumbus* zurück und mit ihr auf den Vulkan fliegen!

Unter dem schattigen Dach des Regenwalds hingen Lianen und Blätter in der schwülen, brütenden Hitze. Das Kreischen der Vögel war ohrenbetäubend.

Lea blieb stehen, stützte die Hände auf die Knie auf und keuchte. „Das ist seltsam."

Cheng musste gegen den Vogellärm anschreien. „Was denn?"

Lea zeigte auf die Baumwipfel. „Die Vögel", keuchte sie.

Cheng linste zu den Baumkronen hinauf. Die Tiere wirkten wirklich sehr aufgeregt. Bunte Federn wirbelten durch die Luft, während die Vögel unruhig hin und her schwirrten und so laut kreischten, als ginge es um Leib und Leben.

„Sie dürften nicht so laut sein", sagte Lea ängstlich und wischte sich den Schweiß vom Gesicht. „Cheng, hier läuft irgendetwas schief. Ich glaube, sie spüren eine Gefahr. Vielleicht fühlen sie, dass der Yasur noch einmal ausbrechen wird? Wenn das bald passiert, sind Halani und Keemo in Lebensgefahr!"

Kapitel 6
AUF RETTUNGSMISSION

Die *Kolumbus* stand noch auf dem Landeplatz nahe der heißen Quelle, wo sie Keemo zuerst gesehen hatten. Cheng drehte sich vor Angst der Magen um, als er an Halani und ihren fröhlichen, frechen Hund dachte.

Der Helikopter begrüßte sie mit einer Kakofonie aus ängstlichen **PIEPEN** und blinkenden Lichtern.

Lea kletterte an Bord. „Wir haben dich auch vermisst, Kolumbus“, sagte sie, als sie den Kopfhörer aufsetzte. „Du spürst, dass etwas nicht stimmt, richtig?“

Schon hastete Cheng an Bord. Er ließ sich in den Pilotensitz fallen, schnallte sich an und setzte den Kopfhörer auf. Er war so außer Atem, dass er zur Begrüßung nur das Armaturenbrett der *Kolumbus* tätscheln konnte. Rasch schaltete er das Kommunikationselement ein. Ein Bildschirm leuchtete auf.

„Forscherzentrale, bitte kommen", bat Lea inständig. Sie drückte einen weiteren Knopf. „Forscherzentrale, hört ihr uns?"

Endlich erschien die Zentrale auf dem Bildschirm. Die anderen Forscher-Kids drängten sich vor ihre Kamera. Cheng war noch nie so froh gewesen, sie zu sehen.

„Alles okay bei euch?", wollte Olli wissen.

„Ja, wie können wir helfen?", fragte Roshni.

„Wir haben euch geortet und wissen, dass der Yasur gerade ausgebrochen ist", sagte Gustavo.

Cheng beugte sich dicht über den Bildschirm. „Wir befürchten, dass es zu einem weiteren Ausbruch kommt. Und unsere Freundin hat sich vielleicht dort oben mit ihrem Hund verlaufen. Könnt ihr die Vulkandaten abfangen, die von der Spinne am Vulkan an das Observatorium übertragen werden?"

Kiki nickte. „Gebt mir einen Moment, dann bin ich in der Datenbank."

Lea und Cheng konnten hören, wie die Tastatur unter Kikis Fingern klapperte. Während sie angstvoll warteten, sah Cheng aus der Windschutzscheibe der Kolumbus, konnte aber nur die Baumreihen sehen, die sie umgaben. Lea blickte immer wieder zu den kreischenden Vögeln in den verschlungenen Zweigen hoch. Cheng wusste, dass auch sie sich große Sorgen machte.

Er flehte innerlich, dass sie sich geirrt hatten, was den zweiten Ausbruch anging.

„Ich bin drin", sagte Kiki. Sie runzelte die Stirn. „Hier steht, dass mehr Gase freigesetzt werden als üblich. Und die Temperatur des Magmas sieht auch extrem hoch aus."

Chengs Magen krampfte sich zusammen. Mehr Gase und höhere Temperaturen? Das bedeutete, dass der Yasur nicht nur einfach noch einmal ausbrechen würde. Die Eruption würde viel stärker werden!

„Das ist schlimm", sagte er, als er seine Stimme wiedergefunden hatte.

„Wie schlimm?", fragte Lea.

Cheng schüttelte den Kopf. „Es wird viel heftiger als vorhin", sagte er düster. „Halani und Keemo sind in großer Gefahr."

„Dann müssen wir sofort da hoch", sagte Lea entschlossen. „Aber können wir überhaupt so nah an einen Ausbruch heranfliegen?"

„In einem gewöhnlichen Hubschrauber ginge das nicht", gab Cheng zu. „Die Asche würde die Rotoren beschädigen. Aber zum Glück ist die *Kolumbus* ja kein gewöhnlicher Hubschrauber."

„Das stimmt." Lea strich liebevoll über das Armaturenbrett. „Die *Kolumbus* wird es überstehen, aber bei der Spinne bin ich mir nicht so sicher ..."

„Die Spinne!", rief Cheng. „Das ist es!" Halani und Keemo waren zuletzt bei der Spinne gesehen worden. Das war wenigstens ein Anhaltspunkt.

„Leute?", rief er den Forscher-Kids zu, die noch immer mit ernsten Mienen vor dem Bildschirm standen. „Könnt ihr die Spinne orten?"

Kiki ratterte die Koordinaten herunter.

Lea riss die Augen auf, als ihr klar wurde, was Cheng vorhatte. Rasch tippte sie die Daten in das GPS-System der *Kolumbus*. Das Display leuchtete auf und zeigte die Umrisse des Yasur. Am Rand des gähnenden Kraters blinkte ein kleiner Punkt.

„Da ist sie“, sagte Cheng. „Danke, Leute. Over und out!“

„Viel Glück!“, riefen die anderen Forscher-Kids, dann wurde der Bildschirm schwarz.

Die *Kolumbus* blinkte und piepte und führte Cheng durch das Startmanöver.

Das **FLAPP-FLAPP-FLAPP** der Rotoren über ihnen setzte ein, zuerst ganz langsam, dann immer schneller. Cheng schob den Gashebel nach vorn. Der Hubschrauber erhob sich vom Landeplatz und stieg über die Bäume hoch.

„Wir sind unterwegs, Halani!“, rief Cheng und betätigte die Pedale, um die *Kolumbus* in Richtung Vulkan zu lenken. „Halte durch!“

Sie flogen einen Kreis und versuchten, den sichersten Weg zum Yasur zu finden. Doch die Luft hatte sich mit all der herumwirbelnden Vulkanasche in eine dicke graue Nebelsuppe verwandelt.

Zuerst konnten Cheng und Lea noch ein paar Blicke auf das glitzernde Meer und den grünen Regenwald erhaschen, aber bald umgab sie eine undurchsichtige Wand. Sie konnten sich nur noch an den Koordinaten der Spinne orientieren.

Cheng lief es eiskalt den Rücken herunter bei dem Gedanken, was alles schiefgehen konnte. Vielleicht hatten sie ja die falschen Koordinaten und würden direkt in den Vulkan knallen! Sie flogen wirklich blind.

„Siehst du irgendwas?", fragte Lea.

Cheng blinzelte in die rauchdicke Luft hinaus. „Nein", gestand er. „Vielleicht, wenn wir ein bisschen runtergehen ..."

Eine große Aschewolke schoss in die Luft und hüllte sie in Dunkelheit.

„Das gefällt mir nicht." Lea zitterte in ihrem Sitz.

Cheng ging es genauso. Mit zusammengebissenen Zähnen prüfte er noch einmal die Koordinaten und flog um die Bergspitze herum. Zumindest hoffte er das. Die *Kolumbus* piepte ermutigend, doch es war schwierig, optimistisch zu sein. Sie konnten weder den riesigen Vulkan noch Halani oder Keemo sehen.

Ein greller Blitz erhellte die Dunkelheit, als ein Magmastrahl aus dem Vulkan schoss. Cheng wusste, dass es nicht mehr lange dauern würde, bis der eigentliche große Ausbruch begann ...

„Da!", schrie Lea. Sie schnellte aus ihrem Sitz und tippte gegen die Scheibe. „Da unten, schau! Da sind sie!"

Kapitel 7
CHENGS GEISTESBLITZ

Dicke Aschewolken zogen vor die Fensterscheibe und verdeckten die Sicht. Cheng stöhnte. Kurz darauf zogen die Wolken weiter. „Wenn ich doch bloß etwas sehen könnte!"

Der Vulkan dröhnte und spuckte immer noch Asche aus. Die Wolken teilten sich noch einmal und Cheng wusste, dass er definitiv Halani vor sich hatte!

Das Mädchen saß jetzt auf den Felsen am Kraterrand. Aber wieso? Da erkannte Cheng, dass sie ihren Knöchel umklammerte.

„Sie ist verletzt!", sagte Lea entsetzt.

Cheng nickte mit einem flauen Gefühl im Magen. Kein Wunder, dass Halani den Vulkan nicht verlassen hatte.

Neben ihr konnten sie Keemo im Rauch ausmachen. Er saß dicht neben Halani und hielt Wache.

Cheng schaute auf die Krankentrage hinter sich. Dann schaute er zur Seilwinde.

Er wusste, was er zu tun hatte.

„Ich gehe runter“, verkündete Cheng.

„Ich glaube nicht, dass wir landen können“, sagte Lea ängstlich. „Die Sicht ist einfach zu schlecht.“

„Ich weiß.“ Cheng stellte die Steuerung auf Automatikmodus, schnallte sich ab und stand auf. „Übernimm das Steuer, Lea. Du musst mich nach unten abseilen. Ich werde Halani und Keemo retten.“

Lea riss die Augen auf. „Bist du sicher?“

Cheng nickte. Er war sicher.

Lea setzte sich ans Steuer, legte ein paar Schalter um und hielt den Hubschrauber im Gleichgewicht. Die Piepser und Blinklichter der *Kolumbus* zeigten Cheng, wie er die Trage von der Wand lösen konnte. Dann schob er die Kabinentür auf. Sofort drang Asche ins Innere und machte ihm das Atmen schwer.

Mit zittrigen Händen und ohne nach unten zu schauen, befestigte Cheng die Trage an der Seilwinde.

Als alles festgezurrt war, sah er zu Lea.

„Gib mir ein Funkgerät. So können wir Kontakt halten. Weißt du, wie du die Seilwinde bedienen musst?"

„Die *Kolumbus* erklärt es mir gerade." Lea zeigte auf den Bildschirm vor sich.

„Danke, *Kolumbus*", sagte Cheng.

PIEP-BRRR-PIEP, machte die *Kolumbus*.

„Ich bleibe direkt über dir", versicherte Lea und lächelte ihn ermutigend an. „Du schaffst das, Cheng."

Cheng nickte. Er holte tief Luft und hakte sich mit einem Karabiner am Trageseil fest. Dann gab er Lea das Signal, ihn hinunterzulassen.

Die Trage schwankte und drehte sich im Qualm unter den Kufen des Helikopters. Cheng klammerte sich fest und ließ den Boden nicht aus den Augen.

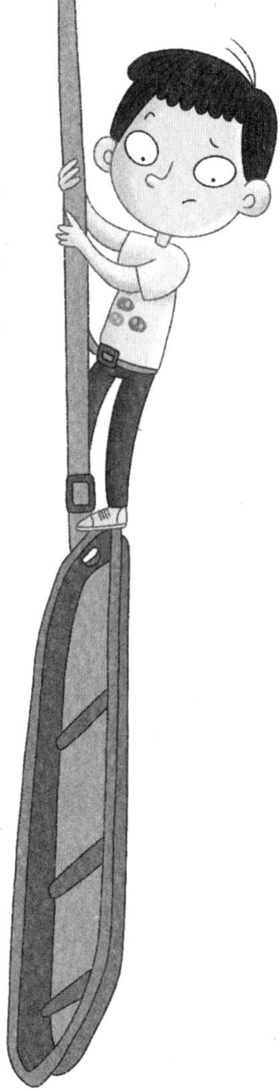

Das Ganze war zwar ziemlich beängstigend, aber auch aufregend. Von hier aus konnte er den glühenden Krater und die Hänge des Vulkans sehen, die zum Meer hin abfielen. Hin und wieder gaben die Wolken den Blick aufs Wasser frei.

Während Cheng sich dem Boden näherte, schoss eine weitere Lavafontäne aus dem Krater. Er spürte die Hitze auf seiner Haut. Der Schwefelgestank machte ihn schwindelig.

Halani war direkt unter ihm.

„Halani!“, schrie Cheng. Er winkte und hielt sich mit einer Hand an der hinabsinkenden Trage fest. „Halani, hier oben!“

Das Mädchen sah hoch und riss überrascht die Augen auf. „Cheng!“, rief sie erleichtert. „Bist du das wirklich?“

Keemo rannte schwanzwedelnd im Kreis. Halani war nicht die Einzige, die froh war, Cheng zu sehen.

Die Trage berührte den Boden. Cheng hakte sich aus und sprang. Sofort eilte er über die Felsen und kniete sich neben Halani.

„Was ist passiert?“

„Keemo hat Angst bekommen.“ Halanis Stimme bebte. „Er hat so an der Leine gezerrt, dass sie gerissen ist, und dann ist er irre schnell weggelaufen. Ich habe versucht, ihn zu fangen, aber dann bin ich gefallen und habe mir den Knöchel verdreht.“ Sie rieb sich den Fuß und sah Cheng an. „Was machst du hier?“

„Es gibt gleich einen zweiten Ausbruch“, erklärte Cheng. „Wir sind gekommen, um dich zu holen. Wir müssen schnellstens hier weg. Kannst du laufen?“

Mühsam und mit schmerzverzerrtem Gesicht stand Halani auf. Obwohl Cheng ihr half, konnte sie ihren Fuß nicht belasten.

Das Funkgerät an Chengs Gürtel knackte.

„Cheng, Cheng, hörst du mich? Over!"

Cheng nahm das Funkgerät. „Ich höre dich, Lea. Ich habe Halani gefunden. Ich lege sie jetzt auf die Trage, dann kannst du sie hochziehen, okay?"

„Das geht nicht. Es tut mir leid. Die Asche hier oben ist so dick, dass ich rein gar nichts sehe. Ich will die Trage nicht aus Versehen gegen Felsen rammen oder in den Vulkan krachen, das ist zu riskant. Ich weiß nicht, was wir machen sollen. Over."

Allmählich war die Hitze kaum noch auszuhalten. Schweiß lief Cheng übers Gesicht und vermischte sich mit Dreck und Asche. Er schaute blinzelnd hoch.

Die Seilwinde verschwand in den Wolken über ihm. Er konnte nicht einmal mehr die *Kolumbus* erkennen. Er sah zurück auf die Trage und auf die steilen Hänge des Vulkans voller Geröll.

„Ich habe eine Idee. Ich schnalle die Trage jetzt ab, okay? Dann kannst du das Seil hochziehen. Over."

„Bist du verrückt?“ Lea war fassungslos. „Wie willst du die Trage denn ins Tal bringen? Over.“

„Vertrau mir“, erwiderte Cheng. „Ich weiß, wie wir alle nach unten kommen. Over.“

Wieder besah er sich die staubige, zum Regenwald hin sanft abfallende Piste. Dann überprüfte er die Unterseite der Trage. Sie war stabil und schön flach.

Während Keemo weiter bellend im Kreis herumrannte, sah Halani Cheng voller Hoffnung an.

Noch einmal drang Leas Stimme aus dem Funkgerät. „Bist du wirklich sicher? Over.“

Cheng konnte es selbst kaum glauben, dass er diese Idee ernsthaft in Betracht zog, aber ihm blieb keine Wahl.

„So sicher, wie ich nur sein kann“, antwortete er. „Over.“

Er rannte zur Trage zurück und trennte sie vom Seil. „Ich habe die Trage abgemacht", funkte er. „Wir sehen uns beim Landeplatz. Over und out."

Baumelnd verschwand das Seil in der wirbelnden Aschewolke. Der Vulkan grollte und ein neuer Lavastrahl schoss empor.

Cheng klemmte das Funkgerät an seinen Gürtel und lauschte dem immer leiser werdenden ***FLAPP-FLAPP-FLAPP*** der *Kolumbus*.

„Ist der Helikopter weg?“, fragte Halani ängstlich. „Wie sollen wir denn jetzt zurück ins Tal kommen?“

Cheng reichte ihr die Hand und Halani humpelte zur Trage. „Du hast mir doch gesagt, dass manche Leute auf dem Vulkan surfen. Erinnerst du dich?“

Sie riss die Augen auf. „Wir surfen?“

Cheng nickte. Er drehte die Trage so, dass die Spitze ins Tal zeigte.

„Cool", brachte Halani hervor.

Cheng lachte. „Na komm schon. Du auch, Keemo."

Er half Halani in die Trage. Der Hund sprang auf und kuschelte sich zwischen ihre Beine.

„Haltet euch fest", warnte er. Dann stieß er sich mit aller Kraft vom Geröllboden ab. Die Trage neigte sich und bewegte sich vorwärts. Cheng lief mit. Sobald der Hang abfiel und die Trage ins Gleiten kam, hüpfte Cheng hinter Halani auf die Trage.

„LOS GEHT'S!"

Kapitel 8

RASANTE ABFAHRT

Wie in Zeitlupe rumpelte die Trage über den Geröllpfad. Cheng stieß sich noch einmal ab und diesmal nahmen sie endlich etwas Fahrt auf.

„Ich kann gar nicht glauben, dass wir wirklich den Yasur hinuntersurfen!", rief Halani laut lachend und hielt Keemo eng an sich gepresst.

Sie schien ihren Knöchel in all der Aufregung völlig vergessen zu haben.

Es ging nun viel schneller voran. Die warme, schweflige Luft auf Chengs Gesicht fühlte sich inzwischen mehr wie ein aufkommender Sturm an. Der Pfad wurde noch steiler und die Trage neigte sich zusehends.

„Uuups!", schrie Cheng. „OHA!"

Mit Höchstgeschwindigkeit schlitterten sie jetzt den Abhang hinunter.

Kiesel und Felsbrocken flogen durch die Luft. Schützend hielt Cheng sich einen Arm über den Kopf.

Er wusste, dass die Felsen eine Mischung aus Asche, erkalteter schwarzer Lava und hellgrauem Bimsstein waren. Bimsstein entstand, wenn ein Vulkan Gestein ausspuckte. Er war so löchrig wie ein Schwamm, leichter als Wasser und höllisch hart.

Rasend schnell näherten sie sich einer engen Linkskurve. Einen Moment lang stellte Cheng sich vor, dass die Trage geradeaus schießen und geradewegs in die Bäume fliegen würde. Sie hatten viel zu viel Tempo drauf, um mit den Händen zu bremsen.

Was sollten sie nur tun?

„Halani, wir müssen um diese Kurve!", schrie Cheng. „Hast du irgendwelche Surf-Tipps parat?"

„Ja, hab ich!", antwortete Halani. „Leg dich in die Kurve. Verlagere dein Gewicht auf die linke Seite des Bretts – ich meine, der Trage. Jetzt!"

Zu zweit warfen sich Cheng und Halani mit ihrem vollen Gewicht nach links. Der Metallboden der Trage ächzte und kippte seitlich hoch. Cheng spürte, wie sie langsam die Richtung änderten.

Es gelang ihnen um Haaresbreite, nicht aus der Kurve zu fliegen! Sofort lehnte sich Cheng nach rechts, damit sie nicht in den Berghang fuhren. Halani tat es ihm nach. Keemos Ohren flatterten im Wind.

„Teamwork!", schrie Halani und lachte.

„Funktioniert immer!", gab Cheng atemlos zurück.

Bei jeder Kurve gab Halani nun dem hochkonzentrierten Cheng Anweisungen, auf welche Seite er sich lehnen sollte. Hinter ihnen grollte weiter der Yasur.

Es war fast Abend. Der Himmel wurde immer dunkler. Endlich flachte der Abhang ab. Der Boden wurde weicher und bremste sie etwas ab.

Schon erkannte Cheng Lea, die mit ein paar Rettungssanitätern am Ende des Pfads wartete. Alle sprangen zur Seite, als die Trage schließlich ruckartig vor ihren Füßen zum Stehen kam.

„Na, wie war die Fahrt?", fragte Lea mit einem erleichterten Grinsen im Gesicht.

„Holprig", gab Cheng zurück und bewegte vorsichtig seine Finger, die steif waren und schmerzten. „Und krass. Aber sie war auch ziemlich FANTASTISCH!"

Er klatschte Lea ab. Ihre Mission war erfüllt!

Keemo befreite sich aus Halanis Armen und verschwand mit wedelndem Schwanz im Unterholz. Cheng überlegte kurz, ob der kleine Hund wieder weglaufen wollte.

Aber kaum kümmerten sich die Sanitäter um Halanis Fuß, flitzte er schon an ihre Seite zurück und schleckte ihr Gesicht ab. Es sah aus, als wolle er sein verletztes Frauchen beschützen.

„Wie geht es ihr?", fragte Cheng einen der Sanitäter.

„Der Knöchel ist nur verstaucht", erklärte der Mann. „Sie muss ihn eine Weile schonen, aber dann kann sie ihn wieder normal belasten."

„Kann ich morgen surfen gehen?" Halani begutachtete ihren bandagierten Knöchel.

Der Sanitäter lachte. „Vielleicht in ein paar Tagen! Bis morgen verheilt dein Knöchel leider nicht."

Nun bahnte sich Elenola ihren Weg an den Sanitätern vorbei. Sie lächelte erleichtert, als sie Lea, Cheng und Halani sah.

„Ich habe mir solche Sorgen gemacht", sagte die Vulkanologin. „Aber zum Glück seid ihr heil hier unten angekommen – gerade rechtzeitig! Der Vulkan wird gleich ausbrechen. Macht euch bereit, Leute. Vor dem Nachthimmel wird das garantiert ein spektakulärer Anblick!"

In dem Moment brachte ein ***BUMM*** die Luft zum Vibrieren. Cheng wirbelte herum und starrte mit offenem Mund zum Himmel.

Über dem Krater leuchtete ein unfassbares, riesiges Feuerwerk auf. Glühende Lavafontänen und tonnenweise Gestein schossen aus dem Herzen der Erde und explodierten in beeindruckenden Formationen. Alles glitzerte wie geschmolzenes Gold.

Cheng hatte schon sein Leben lang davon geträumt, ein solches Ereignis mitzuerleben, aber die Wirklichkeit übertraf seine kühnsten Erwartungen.

Sie sahen dem Spektakel zu, bis die Lava allmählich versiegte und das Grollen des Vulkans nachließ, bevor es schließlich ganz verstummte.

„Wow." Lea sah Cheng an. „Kein Wunder, dass du verrückt nach den Dingern bist."

Cheng konnte nur nicken. Er brachte kein einziges Wort heraus. Aber das breite Lächeln auf seinem Gesicht sprach Bände.

Lea umarmte Halani. „Es war toll, euch kennenzulernen. Genieße die Wellen, Halani. Und du, Keemo, sei schön brav, ja?“

Keemo bellte, als verstünde er jedes Wort.

„Danke für alles“, sagte Cheng zu Elenola. „Es war unglaublich.“

Elenola gab ihm die Hand. „Viel Glück bei deiner Karriere als Vulkanologe. Ich glaube, du wärst sehr gut darin!“

Lea und Cheng winkten und gingen den dunklen Pfad in Richtung Strand und Regenwald, wo die *Kolumbus* auf sie wartete.

„Was für ein Abenteuer", bemerkte Lea, als sie sich in ihrem Sitz anschnallte und den Kopfhörer aufsetzte.

„Das beste", antwortete Cheng. Er war in Gedanken noch bei dem fantastischen Vulkanausbruch und der rasanten Abfahrt.

Dann schaltete er den Motor ein. Die Rotorblätter der *Kolumbus* setzten sich in Bewegung. Als sie schnell genug waren, drückte Cheng den Nach-Hause-Knopf.

Sofort erhob sich der Helikopter und raste so schnell los, dass Cheng und Lea in die Sitze gepresst wurden. In einem wirbelnden Tunnel aus grellweißem Licht und Wind verwandelte sich die *Kolumbus* wieder zurück. Die Kopfhörer verschwanden und aus den bequemen Pilotensitzen wurden wieder die harten Holzsitze. Das Licht verblasste und sie blieben abrupt stehen.

Cheng öffnete die Augen.

„Willkommen zurück!" Olli strahlte bis über beide sommersprossigen Backen.

Auch die anderen Forscher-Kids umringten die *Kolumbus* und gratulierten Lea und Cheng zu ihrer erfolgreichen Mission.

Lea streichelte das gesplitterte Steuerrad. „Schön, wieder hier zu sein", antwortete sie und sprang aus dem Gokart.

Roshnis Augen glänzten. „Habt ihr etwas für die Schaukästen mitgebracht?"

Cheng wollte gerade den Kopf schütteln, aber dann spürte er etwas in seiner Jeanstasche. Er zog einen rauen hellgrauen Stein hervor und rief: „Das ist ein Bimsstein! Ein Vulkangestein. Er muss in meiner Tasche gelandet sein, als wir den Vulkan hinuntergesurft sind."

„Als wir den Vulkan hinuntergesurft sind!", wiederholte Connor mit wieherndem Gelächter und klopfte Cheng auf die Schulter. „Ich wette, du hättest nie gedacht, dass du diesen Satz mal sagen würdest!"

„Bimsstein?", fragte Roshni. Sie nahm Cheng den Stein aus der Hand und wog ihn in ihrer. „Wie leicht er ist! Wusstest du, dass es auf dem Mond auch Bimsstein gibt?"

„Cool!", sagte Cheng. Vorsichtig legte er den Bimsstein in einen der Schaukästen.

„Zeit, heimzugehen", bemerkte Gustavo. Er zeigte auf die leuchtende Tür an einer der schwarzen Steinwände.

Cheng stieß seine Faust sachte gegen Leas. „Danke, Teamkameradin."

Lea nickte und lachte. „Das war ein echt explosives Teamerlebnis."

Nachdem sich Cheng von allen Forscher-Kids verabschiedet hatte, trat er durch die leuchtende Tür. Der Wind in seinem Haar erinnerte ihn an den Fahrtwind auf der verrückten Fahrt den Vulkan hinunter und das grelle Licht an die goldglühende Lava.

Schon berührte seine Hand die vertraute Oberfläche seiner Wohnungstür. Er drückte sie auf und fand sich zu Hause in seiner Küche wieder. Hatte er gerade wirklich einen echten Vulkanausbruch miterlebt?

Es kam ihm undenkbar vor. Aber das war ja das Allerbeste an den Forscher-Kids: Alles geschah tatsächlich. Cheng konnte die nächste Mission kaum erwarten.

Da hüpfte Mei in die Küche.

„Können wir den Vulkan noch mal machen?", fragte sie. „Geht das? Und kann er diesmal noch GRÖSSER sein?"

Cheng grinste seine Schwester an. „Na klar. Wir können die GRÖSSTE Explosion machen, die du je gesehen hast. Aber wo ist jetzt der Essig ..."

CHENGS NOTIZEN

EIN SCHICHTVULKAN

Vulkane bestehen aus Gestein, das früher einmal tief in der Erde gewesen und zu Magma geschmolzen ist. Wenn Druck im Erdinneren das Magma an die Oberfläche zwingt, bricht es als Lava aus. Der Kegel wird durch Schichten getrockneter Lava geformt, die zu festem Gestein erstarrt ist.

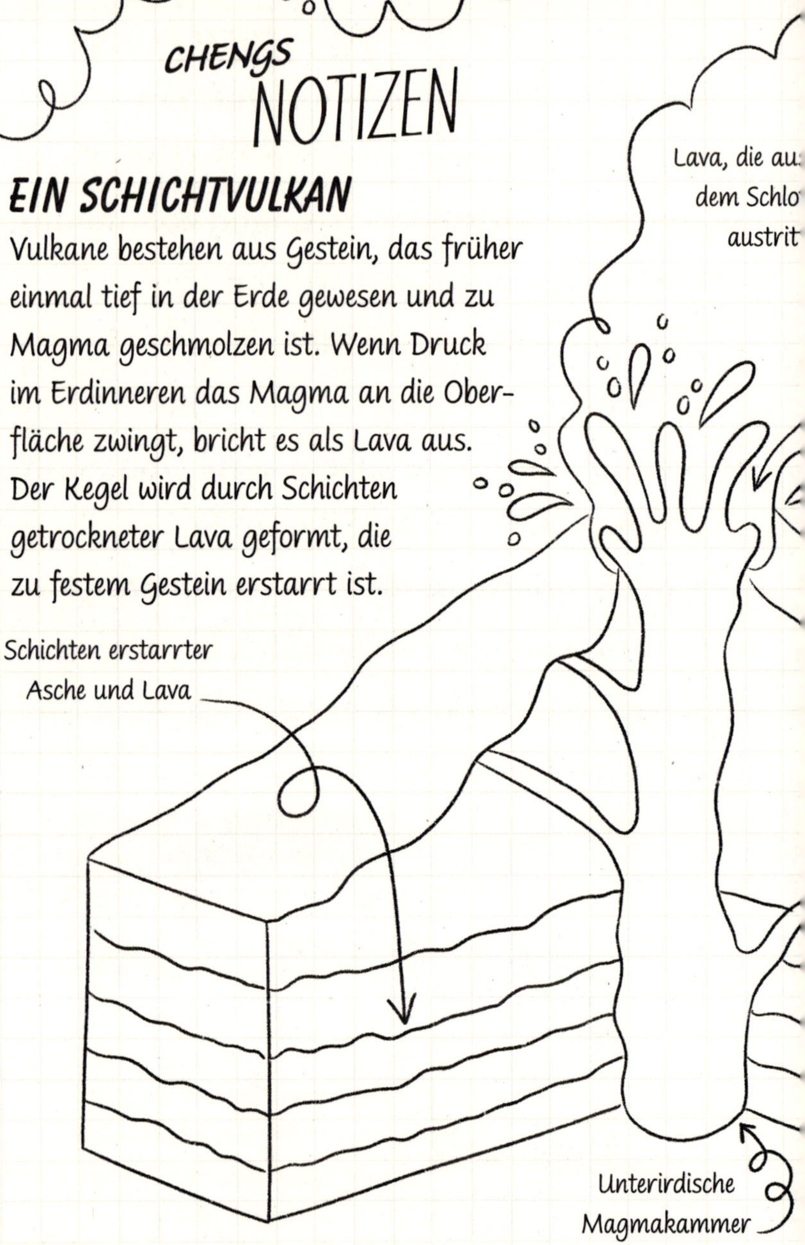

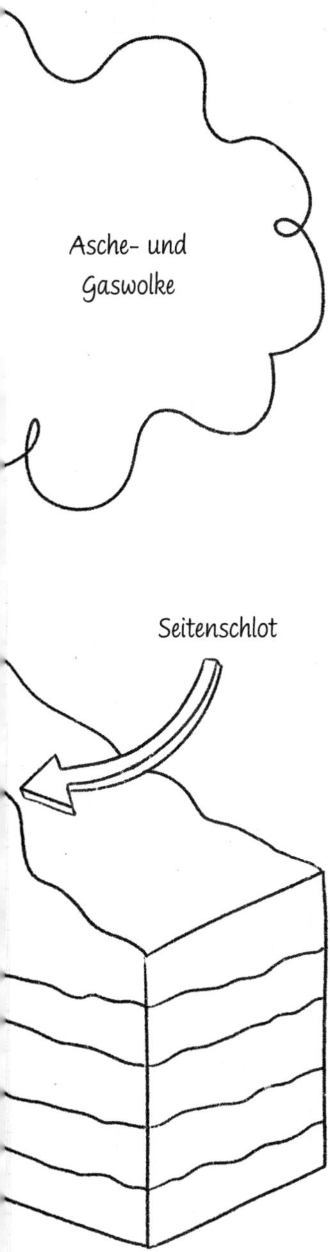

DAS LEBEN EINES VULKANS

Es gibt Tausende Vulkane auf der Erde. Sie sind entweder aktiv, inaktiv oder erloschen.

Aktive Vulkane können jederzeit ausbrechen. Ihre Magmakammern sind voll.

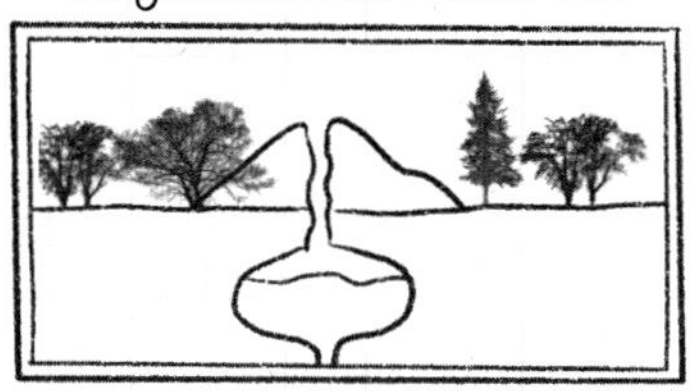

Inaktive Vulkane sind schon lange nicht mehr ausgebrochen, können aber wieder aktiv werden.

Erloschene Vulkane sind schon lange inaktiv und können nicht mehr ausbrechen. Ihre Magmakammern sind leer.

TEKTONISCHE PLATTEN

WAS SIND ERDPLATTEN?

Die Erdkruste besteht aus riesigen Puzzlestücken, den tektonischen Platten. Sie bewegen sich sehr langsam. Wenn sie aufeinandertreffen, kann das Vulkanausbrüche und Erdbeben zur Folge haben. Diese Landkarte zeigt die größten Erdplatten.

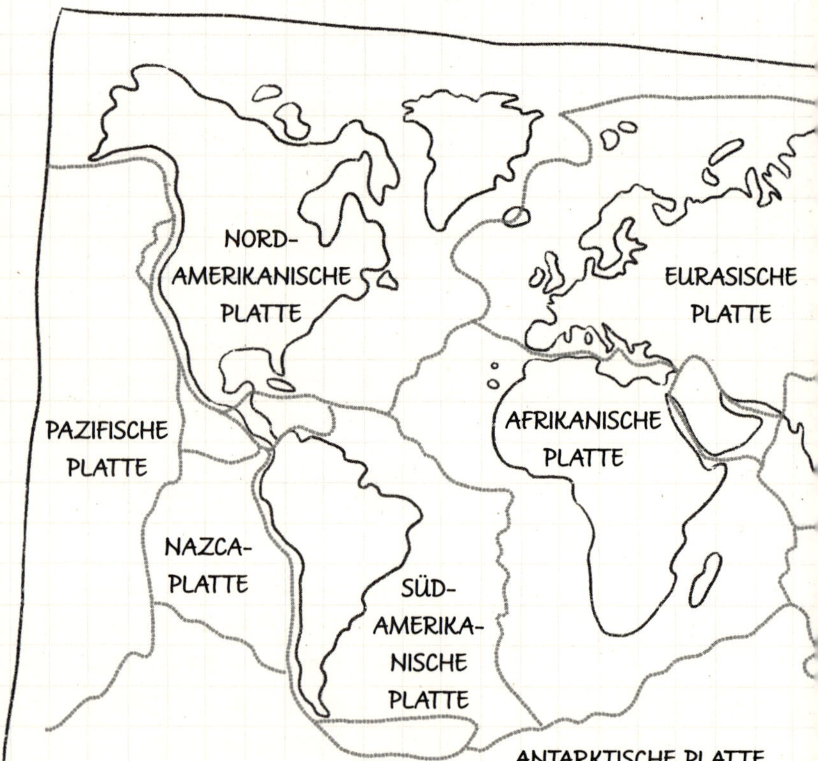

PLATTENGRENZEN

Die Gebiete, in denen zwei Erdplatten aufeinandertreffen, nennt man Plattengrenzen. Es gibt drei Haupttypen von Plattengrenzen.

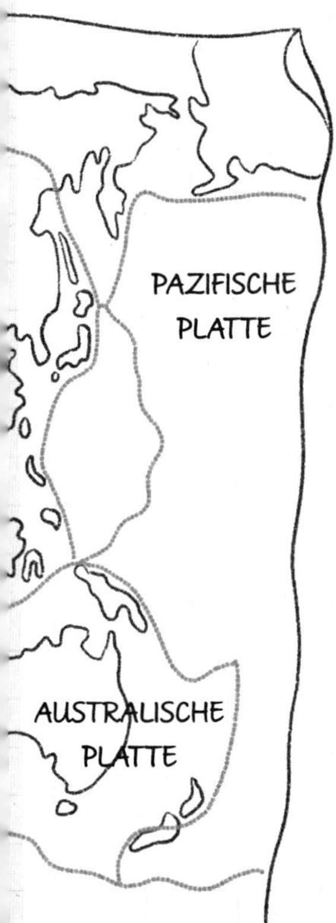

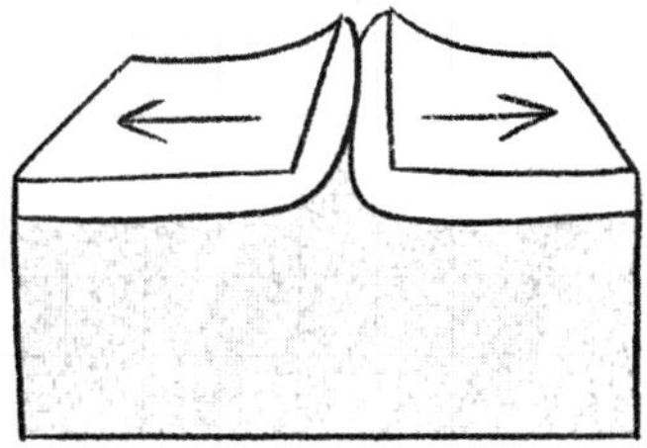

DIVERGIERENDE PLATTENGRENZE
Hier bewegen sich die Platten auseinander. Gestein in der Tiefe drückt sie voneinander weg.

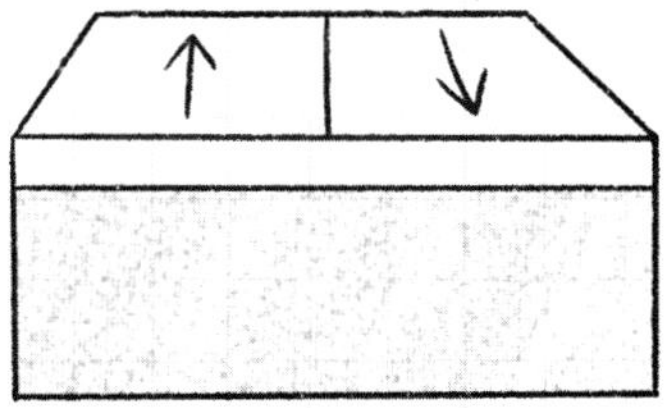

TRANSFORME PLATTENGRENZE
Hier schieben sich zwei Platten seitlich aneinander vorbei.

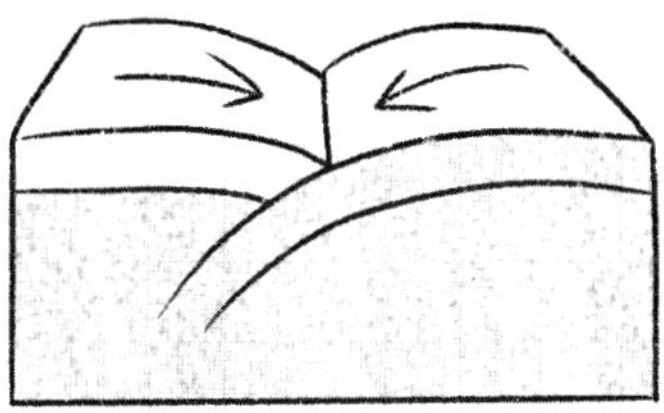

KONVERGIERENDE PLATTENGRENZE
Hier schieben sich Platten aufeinander, wobei sich die eine unter die andere schiebt.

BAU DIR EINEN VULKAN

DU BRAUCHST:

* Warmes Wasser
* Eine leere Plastikflasche
* 2 TL Backpulver
* Rote Lebensmittelfarbe
* Spülmittel
* Feuchten Sand
* Etwas Essig

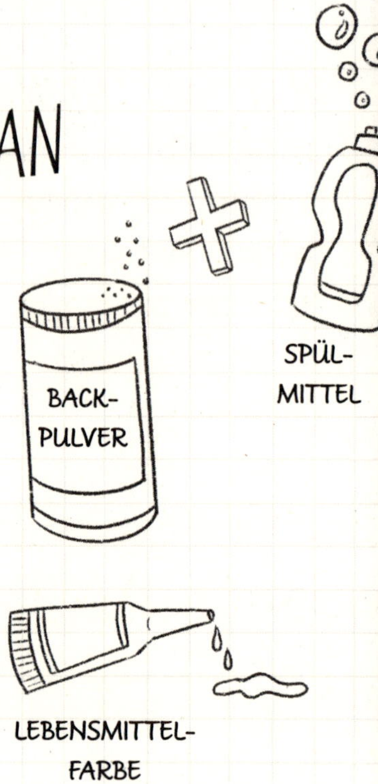

1

Gieße warmes Wasser in eine Flasche, bis sie fast voll ist. Füge 2 TL Backpulver hinzu, setze den Deckel auf und schüttle gut.

2

Füge ein paar Tropfen rote Lebensmittelfarbe und einen Spritzer Spülmittel hinzu. Stelle die Flasche auf ein Tablett.

4

Gieße Essig in die Flasche und genieße den Ausbruch!

3

Häufe feuchten Sand um die Flasche auf und forme ihn zu einem Vulkankegel.

WAS GESCHIEHT HIER?

Anders als ein echter Vulkan, der ausbricht, weil geschmolzenes Gestein zur Erdoberfläche gedrückt wird, bricht dieses Modell wegen einer chemischen Reaktion zwischen Essig und Backpulver aus.

QUIZ

1 Wie heißt der große Vulkan auf Vanuatu?

2 Richtig oder falsch: Heiße Quellen werden durch heißes, geschmolzenes Gestein erhitzt.

3 Wie heißen tropische Fledermäuse noch?

4 Welcher Vulkan hat die römische Stadt Pompeji zerstört?

5 Wie heißen die Leute, die Vulkane erforschen?

6 Wie heißen die Platten, aus denen die Erdkruste besteht?

7 Richtig oder falsch: Vulkanologen benutzen ein spezielles Gerät namens Käfer.

8 Welches Vulkangestein hat Löcher?

SUCHE DIE VÖGEL!

In diesem Buch sind acht vanuatische Vögel versteckt. Kannst du sie finden?

So sehen sie aus!

Die Lösungen findest du auf Seite 127.

BEGRIFFE

ASCHE
Winzige Felspartikel, die von einem ausbrechenden Vulkan in die Luft geschleudert werden.

AUSBRUCH
Wenn Lava, Asche oder Gestein aus einem Vulkan schießt oder fließt.

BIMSSTEIN
Leichtes, löchriges Vulkangestein.

EVAKUIEREN
Wenn Menschen bei Gefahr an einen sicheren Ort gebracht werden.

FRUCHTBAR
Land, wo die Erde gut geeignet ist, um Nutzpflanzen anzubauen.

GESCHMOLZEN
Metall oder Gestein, das so heiß ist, dass es flüssig wird.

GPS

Ein System, das Menschen dabei hilft, ihre Position genau zu bestimmen und sich zu orientieren.

HEISSE QUELLEN

Orte in der Nähe von Vulkanen, an denen heißes, unterirdisches Wasser an die Oberfläche tritt.

INAKTIV

Ein Vulkan, der lange nicht ausgebrochen ist.

KRATER

Ein schüsselförmiges Loch in der Spitze eines Vulkans.

ERDKRUSTE

Die oberste, feste Gesteinsschicht der Erde. Die kontinentale Kruste liegt unterhalb des Festlands und die ozeanische unter dem Meeresboden.

KAKOFONIE

Eine schlecht klingende Folge von Lauten.

LAVA
Heißes, flüssiges Gestein aus einem Vulkan.

MAGMA
Heißes, flüssiges Gestein unter der Erdoberfläche.

OBSERVATORIUM
Ein Ort mit wissenschaftlicher Ausrüstung, um Naturphänomene zu erforschen.

SCHLOT
Ein Schacht in der Erdkruste, durch den Magma und Gase an die Oberfläche gelangen.

SEILWINDE
Ein Gerät, mit dem schwere Gegenstände gehoben werden können.

SEISMOLOGIE
Die Erforschung von Erdbeben und ihrer Auswirkungen.

TEKTONISCHE PLATTEN

Riesige Felsplatten, aus denen die Erdkruste besteht.

VULKAN

Eine Öffnung in der Erdkruste, meist bergförmig, die manchmal ausbricht.

VULKANOLOGE

Jemand, der Vulkane erforscht.

Lösungen

1. Yasur
2. Richtig
3. Flughunde
4. Vesuv
5. Vulkanologen
6. Tektonische Platten
7. Falsch: Es heißt Spinne.
8. Bimsstein

Für Zac und Oscar

Text for DK by Working Partners Ltd
9 Kingsway, London WC2B 6XF
Mit speziellem Dank an Lucy Courtenay

Gestaltung Collaborate Ltd, Sonny Flynn
Illustrationen Ellie O'Shea
Fachliche Beratung Anita Ganeri
Lektorat James Mitchem, Sarah Larter
Herstellung Editor Robert Dunn, Ena Matagic

Der Verlag dankt Sam Priddy, Jo Clark und Sally Beets
für zusätzliche Lektoratsunterstützung.

Für die deutsche Ausgabe:
Verlagsleitung Monika Schlitzer
Programmleitung Heike Faßbender
Redaktionsleitung Martina Glöde
Projektbetreuung Angelika Herre
Herstellungsleitung Dorothee Whittaker
Herstellungskoordination Katharina Schäfer
Herstellung Leonie Herr, Jenny Kolbe

Titel der englischen Originalausgabe:
Secret Explorers: Smoking Volcano

Übersetzung Violeta Topalova
Lektorat Susanne Böse, Böse Texte - Gute Texte, München

ISBN 978-3-8310-4893-9

Druck und Bindung TBB, a.s., Slowakei

MIX
Papier | Fördert gute Waldnutzung
FSC® C018179

www.dk-verlag.de

Ein Fall für die ForscherKids

ISBN 978-3-8310-4791-8

ISBN 978-3-8310-4792-5